Cruzar un continente

Lisa Greathouse
y Ted Fauce

Asesoras

Kristina Jovin, M.A.T.
Distrito Escolar Unificado Alvord
Maestra del Año

Andrea Johnson, Ph.D.
Departamento de Historia
Universidad Estatal de California, Domínguez Hills

Créditos de publicación

Rachelle Cracchiolo, M.S.Ed., *Editora comercial*
Conni Medina, M.A.Ed., *Redactora jefa*
Emily R. Smith, M.A.Ed., *Realizadora de la serie*
June Kikuchi, *Directora de contenido*
Caroline Gasca, M.S.Ed., *Editora superior*
Marc Pioch, M.A.Ed., y Susan Daddis, M.A.Ed., *Editores*
Sam Morales, M.A., *Editor asociado*
Courtney Roberson, *Diseñadora gráfica superior*
Jill Malcolm, *Diseñadora gráfica básica*

Créditos de imágenes: portada y pág.1 (primer plano) Rick Pisio/RWP Photography/
Alamy Stock Photo, (fondo) American Museum, Bath, Avon, UK/Bridgeman Images;
págs.2–3 Akademie/Alamy Stock Photo; págs.4–5 David David Gallery, Philadelphia, PA,
USA/Bridgeman Images; pág.5 GraphicaArtis/Getty Images; págs.6–7 Ann Ronan Pictures/
Print Collector/Getty Images; pág.7 National Archives and Records Administration [299815];
págs.8 (izquierda), 31 dominio público ca. 1860, (derecha) Three Lions/Getty Images; pág.9
Bettman/Getty Images; pág.10 Library of Congress [LC-USZ62-1406]; págs.11, 12–13, 17, 24–
25 Granger, NYC; págs.13 (superior), 32 MPI/Getty Images; pág.14 Peter Newark American
Pictures/Bridgeman Images; pág.15 (superior) Library of Congress [LC-USZ62-63955],
(segunda desde arriba) Cabinet Portrait of Mark Hopkins, California Faces: Selections from
The Bancroft Library Portrait Collection, Hopkins, Mark:3--POR. Cortesía de The Bancroft
Library, University of California, Berkeley, (segunda desde abajo) North Wind Picture
Archives, (inferior) Everett Collection/Newscom; págs.18–19 Library of Congress [LC-DIG-
ds-04481]; pág.19 (superior) ullstein bild/ullstein bild a través de Getty Images; págs.20–21
RBM Vintage Images/Alamy Stock Photo; pág.21 (superior) Pictures from History/Bridgeman
Images; pág.23 (superior) Transcendental Graphics/Getty Images; pág.25 (inferior) mauritius
images GmbH/Alamy Stock Photo; págs.26–27 estado de California a través de The New
York Times; pág.27 Staff/MCT/Newscom; pág.29 (inferior) Pictures from History/Bridgeman
Images; todas las demás imágenes cortesía de iStock y/o Shutterstock.

Library of Congress Cataloging-in-Publication Data
Names: Greathouse, Lisa E., author. | Fauce, Ted, author.
Title: Cruzar un continente / Lisa Greathouse y Ted Fauce.
Other titles: Crossing a continent. Spanish
Description: Huntington Beach : Teacher Created Materials, Inc. 2020. |
  Audience: Grade 4 to 6 | Summary: "Americans wanted to connect both
  sides of their country, which was growing. Traveling from the East to
  the West was long and dangerous. There had to be a safer and faster way.
  The Transcontinental Railroad was built and helped shape California and
  its people"-- Provided by publisher.
Identifiers: LCCN 2019016053 (print) | LCCN 2019980683 (ebook) | ISBN
  9780743912761 (paperback) | ISBN 9780743912778 (ebook)
Subjects: LCSH: Overland journeys to the Pacific--Juvenile literature. |
  United States--Territorial expansion--Juvenile literature. | Pacific
  railroads--History--Juvenile literature. | Railroads--West
  (U.S.)--History--Juvenile literature.
Classification: LCC F593 .G7718 2020 (print) | LCC F593 (ebook) | DDC
  978/.02--dc23
LC record available at https://lccn.loc.gov/2019016053
LC ebook record available at https://lccn.loc.gov/2019980683

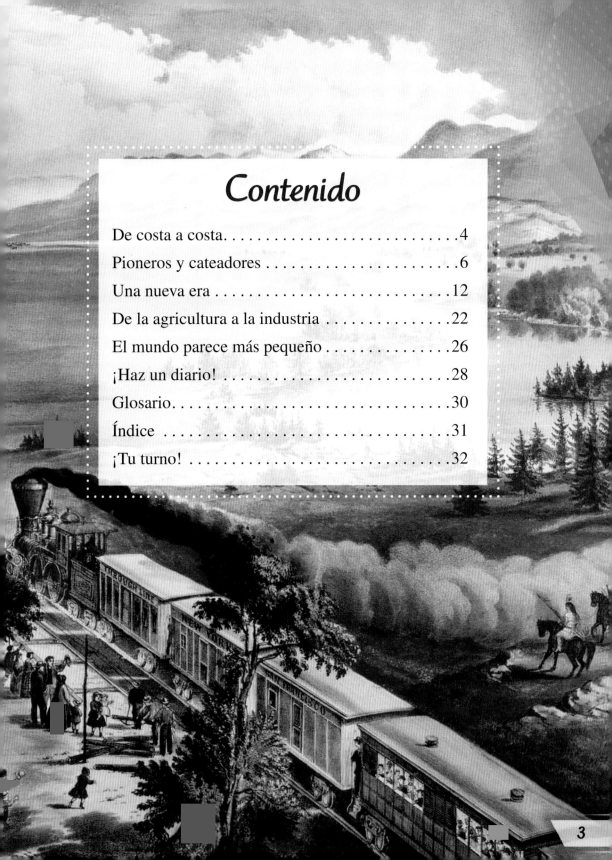

Contenido

De costa a costa

Estados Unidos todavía era un país nuevo en 1800. El presidente Thomas Jefferson soñaba con expandirlo. Francia poseía gran parte de las tierras hacia el oeste. En 1803, Francia vendió esas tierras a Estados Unidos. Este acuerdo se conoció como la *Compra de Luisiana*. Estados Unidos pagó $15 millones por las tierras. De un momento a otro, el joven país aumentó más de dos veces su tamaño. El nuevo territorio se extendía desde el río Misisipi hasta las Montañas Rocosas.

Las nuevas tierras y más allá

Jefferson contrató a Meriwether Lewis para que explorara las nuevas tierras. Lewis y su cocapitán, William Clark, encontraron llanuras, valles y bosques. No se detuvieron cuando llegaron a las Montañas Rocosas. Siguieron hasta la Costa Oeste. Por esa época, España reclamaba el territorio al oeste de las Montañas Rocosas. Casi 20 años después, México ocupó esas tierras. Poco después, Estados Unidos puso en marcha sus planes de expansión y también las reclamó.

En 1846, Estados Unidos y México se enfrentaron en una guerra. Tras dos largos años, Estados Unidos resultó vencedor. Se apoderó de la mayor parte del territorio de México. Esas tierras incluían California. El país se extendía ahora de costa a costa.

Lewis y Clark

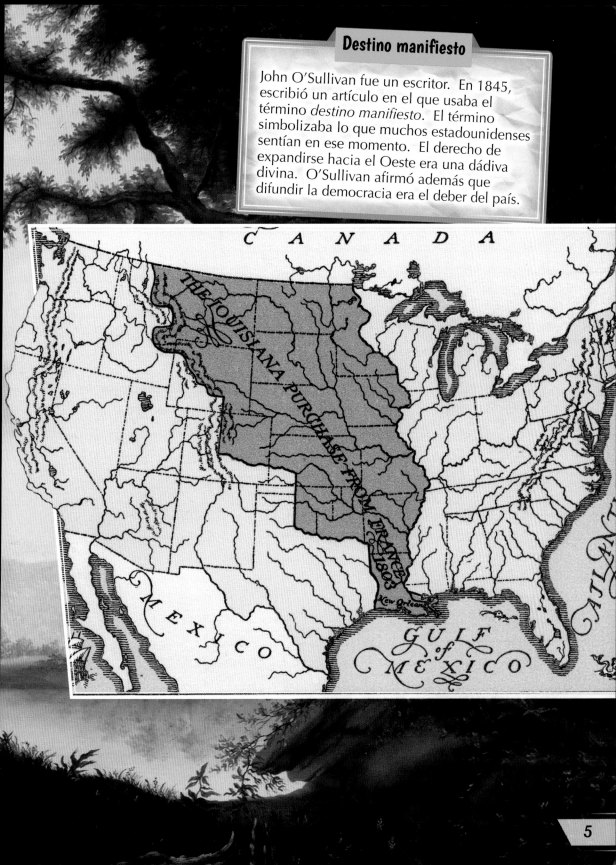

Destino manifiesto

John O'Sullivan fue un escritor. En 1845, escribió un artículo en el que usaba el término *destino manifiesto*. El término simbolizaba lo que muchos estadounidenses sentían en ese momento. El derecho de expandirse hacia el Oeste era una dádiva divina. O'Sullivan afirmó además que difundir la democracia era el deber del país.

Pioneros y cateadores

Algunos estadounidenses querían avanzar hacia el Oeste. Generalmente, se cruzaba el territorio a pie, en carreta o a caballo. Había unos pocos lugares en las cordilleras que permitían el paso de las carretas. Llevaba de tres a seis meses cruzar el territorio por esos caminos.

Se necesitaban carretas grandes para transportar a las personas y las provisiones. Seis caballos tiraban de cada carreta. El viaje era peligroso debido al terreno escarpado, el mal tiempo y la amenaza de ataques de los indígenas. Era mucho más seguro que las carretas viajaran juntas. Por eso, se formaban **caravanas de carretas**.

Oro y tierras gratis

¿Qué atraía a las personas al Oeste? Las ciudades del Este estaban repletas de gente. El trabajo en las fábricas era difícil y peligroso.

Entonces, se descubrió oro en California en 1848. Miles de **cateadores** llegaron a caballo. Querían hacerse ricos. Otros fueron al Oeste a ocupar tierras. A esos primeros colonos se los llamó **pioneros**.

Unos colonos cruzan las Montañas Rocosas a mediados del siglo XIX.

La carrera por la tierra en 1862

El gobierno aprobó una ley que otorgaba terrenos en el Oeste a cualquier persona que viviera allí y trabajara la tierra durante cinco años. Esta ley se llamó *Ley de Asentamientos Rurales*. En la primera carrera por la tierra, más de 50,000 personas hicieron fila para reclamar su terreno.

Civismo

Ley de Asentamientos Rurales de 1862

Conflictos en el Oeste

Los colonos no tuvieron en cuenta que las tierras del Oeste ya estaban ocupadas por otros pueblos. Los indígenas fueron obligados a abandonar sus tierras. Los trasladaron por la fuerza a otros lugares, llamados **reservas**, para hacer lugar para los colonos.

¡Oro y vapor!

Los pioneros que llegaban al Oeste necesitaban provisiones. Querían los productos que estaban acostumbrados a usar en el Este. En el Este, se usaba el motor de vapor para hacer funcionar las máquinas y los barcos. Algunos vieron la posibilidad de aprovechar el vapor para viajar también por tierra. Un motor de vapor podía hacer el trabajo de cientos de hombres y decenas de animales. No sería necesario detenerse por el mal tiempo o por los animales heridos. Se podría seguir la marcha en cualquier condición. Antes de que se implementara el motor de vapor, se probaron otros medios para unir el Este y el Oeste.

El Pony Express

El Pony Express llevaba el correo de Misuri a California en 10 días. Funcionaba como una carrera de relevos. Un jinete recorría 10 millas (16 kilómetros) al galope y luego cambiaba de caballo en una **posta**. Cada jinete cambiaba de caballo entre cuatro y siete veces por día, tanto de día como de noche.

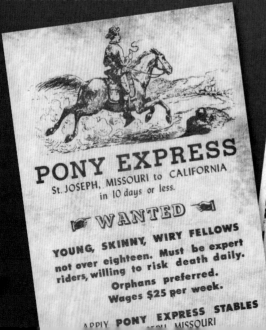

un jinete del
Pony Express

Tom Thumb

Tom Thumb era el nombre de un tren de vapor. Peter Cooper lo construyó en 1830. Fue el primer tren de vapor capaz de remolcar un vagón de pasajeros por una vía férrea. Su éxito le reveló al país las posibilidades y la potencia del tren de vapor.

En diligencia

El Pony Express funcionó durante menos de dos años. Era demasiado costoso y peligroso. Las personas querían otras cosas además de enviar correo al Oeste. También querían viajar allí. La **diligencia** podía hacer ambas cosas. En cada una, entraban hasta 15 personas, además del correo. Se usaban cuatro caballos, burros o vacas para tirar de ella. Tenía paradas fijas. La diligencia mejoró muchas cosas, pero no era perfecta. Para empezar, la diligencia no podía transportar un **cargamento** grande. Tardaba alrededor de un mes en llegar a California desde el Medio Oeste. Y el viaje no era seguro ni agradable.

Por cable

Ya en 1844, el telégrafo transmitía palabras a través de cables colgados de postes. Usaba un código diferente para cada letra. Los códigos se creaban mediante chispas eléctricas. Los mensajes se enviaban en cuestión de minutos. Para la época, eso era muy veloz. Todos estaban asombrados. Pero el telégrafo requería la instalación de postes de madera con cables a través de largas distancias. Instalar los postes en todo el país llevó tiempo y costó dinero.

Antes de los mensajes de texto

En el pasado, las personas usaban cuernos, banderas, tambores e incluso señales de humo para mantenerse en contacto. Después, usaron el telégrafo y la radio. Ahora tenemos los mensajes de texto, el correo electrónico y las redes sociales. ¿Qué vendrá en el futuro?

Una ruta complicada

La cordillera de Sierra Nevada dificultaba los viajes al Oeste. Esta cordillera se extiende unas 400 millas (650 kilómetros) de norte a sur, y llega a tener unas 80 millas (129 kilómetros) de ancho. El pico más alto alcanza casi los 15,000 pies (4,572 metros) de altura. En invierno, el viaje se volvía casi imposible a causa de la nieve. A veces, los viajeros debían abandonar las carretas y cruzar la cordillera a pie. El paisaje agreste y rocoso también era un problema. Así y todo, muchas personas se arriesgaban a tomar esa ruta para reclamar su derecho a la tierra o al oro.

Geografía

Una diligencia y una carreta cubierta cruzan la Sierra Nevada.

Una nueva era

En el noreste de Estados Unidos, se tendieron miles de millas de vías férreas. Por ellas se transportaban cargamentos, alimentos y bienes de una ciudad a otra. En los puertos, como el de Nueva York, el personal descargaba los productos de los **barcos cargueros** y los pasaba a los trenes. La industria del acero y la industria textil crecieron gracias al ferrocarril. Los materiales de construcción, como la madera, se transportaban en tren del bosque a las ciudades. El ganado viajaba en tren de las granjas a las ciudades. Los trenes de pasajeros transportaban a las personas de manera rápida y segura. Una nueva era había comenzado.

El sueño de un hombre

Theodore Judah era **ingeniero**. Sabía lo importante que podía ser para Estados Unidos unir el Este y el Oeste mediante el ferrocarril. Los trenes podrían hacer al país más fuerte y más rico que nunca.

Estos soldados de la guerra de Secesión transportan un cañón sobre una vía férrea.

Cruzar las inmensas montañas de la Sierra Nevada podía ser muy difícil. Judah tuvo una idea cuando visitó la zona, y dibujó unos planos. Pero no tenía el dinero necesario para hacer su sueño realidad. En 1857, le pidió ayuda al gobierno. Muchos dirigentes pensaron que era una buena idea, pero el costo de la guerra de Secesión era demasiado alto. Entonces, Judah decidió pedir ayuda a unos **inversionistas** privados.

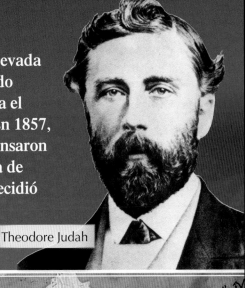

Theodore Judah

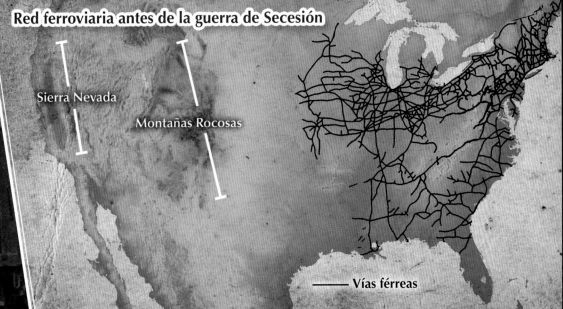

Red ferroviaria antes de la guerra de Secesión

Sierra Nevada

Montañas Rocosas

——— Vías férreas

El ferrocarril fue la clave

En la década de 1860, el ferrocarril atravesaba todo el Norte, pero no se extendía tanto por el Sur. Era más fácil transportar armas, tropas y suministros en el Norte. Fue en parte por esta razón que el Norte ganó la guerra de Secesión.

Geografía

Unidos

Abraham Lincoln era el presidente en 1862. La guerra de Secesión acababa de empezar. Lincoln autorizó el inicio de la construcción del ferrocarril transcontinental. Pensó que podría ayudar a unificar el país.

Un grupo de trabajadores tienden las vías del ferrocarril transcontinental en la década de 1860.

Un trabajo arduo

La construcción del ferrocarril transcontinental llevó seis años. Participaron más de 20,000 hombres. Muchos murieron haciendo este arduo trabajo. La mayoría cobraba apenas entre $35 y $45 por mes.

Economía

Hombres con dinero y visión

A medida que Estados Unidos crecía, algunos hombres se hacían ricos. La fiebre del oro atrajo a muchas personas a California. Necesitaban provisiones y alimentos. Collis Huntington era el dueño de una tienda ubicada casi en el corazón de la fiebre del oro. Vendía productos a los mineros en su pueblo. Así fue que se hizo muy rico.

En 1860, Judah le mostró a Huntington su proyecto ferroviario. La idea central de Judah era tender una vía férrea entre el Medio Oeste y el Oeste.

Huntington pensó que ser dueño de ese ferrocarril lo haría más rico. Le dio a Judah $1,500. Le dijo que también pediría a sus amigos que invirtieran en el proyecto. Mark Hopkins fue el primero de esos inversionistas. Más tarde, se sumaron Charles Crocker y Leland Stanford. Judah estaba listo para unir a la nación.

A Huntington, Hopkins, Crocker y Stanford se los conocería luego como los "Cuatro Grandes". Juntos transformaron Estados Unidos. Durante los años siguientes, le dieron a Judah $35,000 para que hiciera planos y modelos. Los Cuatro Grandes se unieron para crear la compañía que ayudaría a construir el ferrocarril.

Collis Huntington

Mark Hopkins

Charles Crocker

Leland Stanford

Hacer posible lo imposible

El ferrocarril transcontinental se construyó en dos tramos. Uno iba de este a oeste. El otro, de oeste a este. Cuando finalizó la construcción de ambos tramos, su extensión total era de 1,776 millas (2,858 kilómetros) de largo.

El tramo este comenzaba en Nebraska. Cruzaba las **Grandes Llanuras** y atravesaba los **pasos** de las Montañas Rocosas. El mal tiempo y los ataques de los indígenas hacían que el trabajo de construcción de las vías fuera inseguro. En ese tramo, trabajaron inmigrantes irlandeses, veteranos de la guerra de Secesión, mormones y esclavos liberados.

El tramo oeste fue más difícil de construir. Las montañas de la Sierra Nevada son de **granito** macizo. Había fosas profundas que requerían la construcción de puentes que permitieran cruzarlas. Debían tallarse cornisas en los acantilados. Los túneles se abrían con detonaciones de explosivos. Algunos días, las obras apenas avanzaban un pie. El tiempo en invierno era muy hostil. Los inmigrantes chinos hicieron gran parte del trabajo.

El 10 de mayo de 1869 finalizó la construcción del ferrocarril transcontinental. Los dos tramos se unieron en la cumbre de Promontory, Utah.

Clavos de oro y plata

En la ceremonia que se realizó en Utah, hubo en realidad cuatro clavos. Dos eran de plata y los otros dos, de oro. Ninguno pasó a formar parte permanente del ferrocarril. Cuando terminó la ceremonia, los reemplazaron por clavos de hierro. Los cuatro clavos especiales se exhiben actualmente en museos de distintas partes del país.

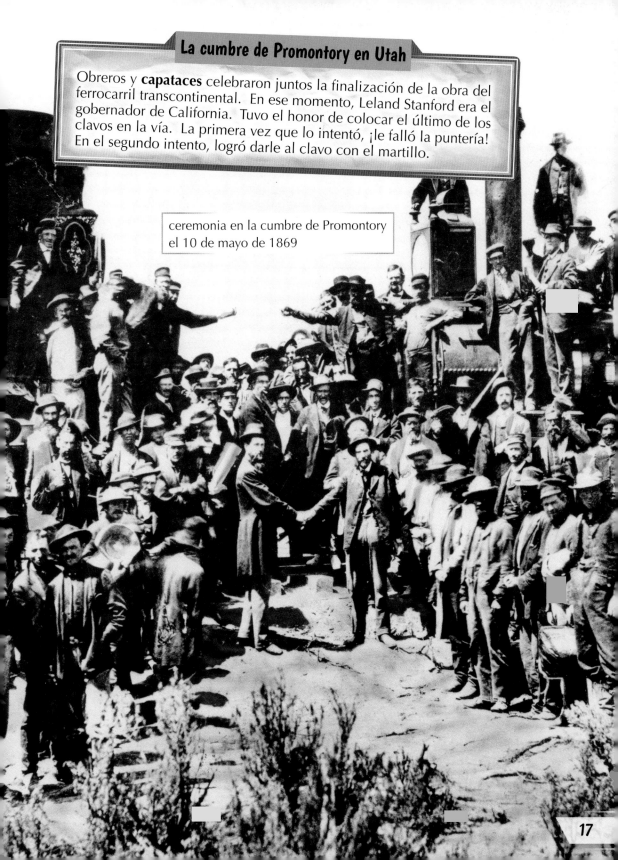

La cumbre de Promontory en Utah

Obreros y **capataces** celebraron juntos la finalización de la obra del ferrocarril transcontinental. En ese momento, Leland Stanford era el gobernador de California. Tuvo el honor de colocar el último de los clavos en la vía. La primera vez que lo intentó, ¡le falló la puntería! En el segundo intento, logró darle al clavo con el martillo.

ceremonia en la cumbre de Promontory el 10 de mayo de 1869

Más dinero, menos problemas

Otras personas se hicieron ricas gracias a la fiebre del oro y el ferrocarril. Dos de ellas fueron Henry Wells y William Fargo. Eran los dueños de un banco. Cuando la gente encontraba oro, lo llevaba al banco. Les pagaban con papel moneda por el oro. El dinero era más útil para comprar productos.

Las empresas de San Francisco guardaban su dinero en el banco Wells Fargo para que estuviera a salvo. El banco se usaba para pagar los salarios. También manejaba el transporte de carga y los envíos desde y hacia el Este. Cuando se terminó el trabajo en el ferrocarril transcontinental, Wells Fargo se expandió. El banco empezó a usar el ferrocarril para enviar oro, dinero en efectivo y correspondencia. Wells Fargo abrió sucursales en ciudades de todo el Oeste. Tanto los hombres de negocios como los dueños de tiendas y los ganaderos eran clientes de Wells Fargo.

La diligencia como logo

El símbolo de Wells Fargo es la diligencia. Hasta la creación del ferrocarril, ese era el medio que usaba el banco para transportar oro y dinero.

En esta foto de 1866, se ve una calle con muchas tiendas, entre ellas, un banco Wells Fargo.

El origen de los pantalones vaqueros

Levi Strauss vendía ropa en San Francisco. Observó que la ropa de los cateadores y los obreros ferroviarios se desgastaba a causa del duro trabajo. Inventó ropa de una tela resistente llamada *mezclilla*.

Economía

Héroes olvidados

La construcción de las vías del tramo oeste del ferrocarril transcontinental requirió unos 5,000 trabajadores. Muchos hombres dejaron de trabajar en el ferrocarril. Era una tarea muy difícil y peligrosa. Además, pensaban que el ferrocarril no estaba bien administrado. La compañía ferroviaria necesitaba encontrar nuevos trabajadores.

China era un país pobre. Cuando los chinos supieron de la fiebre del oro, viajaron a California. Querían ganar dinero y ayudar a sus familias en China. Cuando el oro empezó a escasear, los inmigrantes fueron expulsados de las minas. Empezaron a trabajar para el ferrocarril.

Los trabajadores chinos hacían las tareas más difíciles y recibían el peor salario. Mientras que a la mayoría de los trabajadores les pagaban entre $35 y $45 mensuales, a los chinos les pagaban entre $24 y $35. Los chinos detonaban la dinamita en los túneles. Se colgaban de los acantilados para excavar las montañas. Martillaban los clavos para sujetar las vías. En una época, 8 de cada 10 trabajadores ferroviarios eran chinos. Recibieron poco o ningún reconocimiento por su esfuerzo.

Unos inmigrantes chinos trabajan en un puente para el ferrocarril.

Un negocio rentable

¡El ferrocarril transcontinental fue una obra gigantesca! El país nunca antes había emprendido algo así. Muchos pensaban que el proyecto iba a exceder el **presupuesto**, o que llevaría más tiempo del que Judah había previsto. Los temores eran infundados. La obra se completó a tiempo y dentro del presupuesto.

Economía

un grupo de inmigrantes chinos que trabajaron en el ferrocarril

¡Huelga!

En 1867, miles de obreros chinos hicieron una **huelga**. Reclamaban el mismo salario que los demás trabajadores y una jornada de ocho horas. La huelga duró una semana. Charles Crocker les cortó la provisión de alimentos. Finalmente, la mayoría de los chinos retomaron el trabajo. Nunca se atendieron sus reclamos.

Economía

De la agricultura a la industria

California ahora estaba conectada con el resto del país. Sus cosechas podían llegar a la Costa Este. Las uvas eran un cultivo importante en el norte del estado. En poco tiempo, las **bodegas** de California empezaron a enviar su vino a todo el mundo. Los puertos de California recibían cargamentos de Asia. El tren transportaba los productos al Este. Los puertos del Este también enviaban cargamentos al Oeste en tren.

California se convirtió en una parte esencial del comercio nacional. Los dueños de las fábricas de la Costa Este apreciaban el clima y los recursos naturales de California. Las fábricas no disminuían su producción en invierno. Muchas fábricas se instalaron en el Oeste.

Alimentos para todo el mundo

La **geografía** de California ofrecía muchos climas. En cada una de las cuatro regiones principales, crecían distintos cultivos. En el sur, se cultivaban lechuga y otras verduras de hoja verde. En el interior, crecían los **cítricos**. En el Valle Central, nueces y tomates. En el norte, uvas. Ningún otro estado ofrecía (ni ofrece) tal variedad. ¡Y los agricultores podían cultivar durante todo el año!

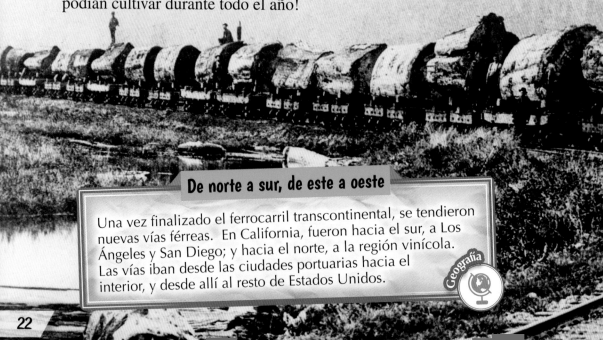

De norte a sur, de este a oeste

Una vez finalizado el ferrocarril transcontinental, se tendieron nuevas vías férreas. En California, fueron hacia el sur, a Los Ángeles y San Diego; y hacia el norte, a la región vinícola. Las vías iban desde las ciudades portuarias hacia el interior, y desde allí al resto de Estados Unidos.

Geografía

En imágenes como esta, se puede ver que el tren transportaba frutas y otros productos por todo el país.

Trasladar recursos naturales

La riqueza de California no era solamente el oro. Se abrían fábricas en todo el estado. Como resultado, el petróleo y el gas natural se convirtieron en recursos muy valiosos. California también los tenía. Los ferrocarriles transportaban petróleo y gas natural a los mercados de todo el país.

Economía

Un tren transporta pedazos de una secuoya gigante.

El crecimiento de la industria

California se convirtió en el Estado Dorado no solo por su oro. Era un centro agrícola, minero, maderero, bancario, comercial y de transporte. Tenía petróleo y gas para generar energía. Fabricaba su propio acero y cemento. El estado tenía todo lo que necesitaba para seguir creciendo. Ese crecimiento generó empleos.

Las personas que se mudaban al estado necesitaban lugares donde vivir. La construcción de viviendas se convirtió en una gran industria. Los pueblos se volvieron ciudades. Se construyeron caminos para conectarlos. A principios del siglo xx, se construyeron acueductos. Transportaban agua de los ríos y de la nieve derretida para aumentar las cosechas. El clima atrajo a más personas. Algunas llegaron para quedarse y otras, de visita. Con tantos visitantes, nació una nueva industria: el turismo. Todo este crecimiento hizo que California se convirtiera en el estado más rico de Estados Unidos.

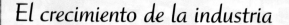

Una economía inmensa

¿Cuán rica es California? Si fuera un país en vez de un estado, estaría entre las 10 principales **economías** del mundo. ¡Quiere decir que hay casi 200 países que no son tan ricos como este estado!

Economía

Las empresas en crecimiento de mediados del siglo xx dependían del ferrocarril para transportar sus productos.

Conectar a la nación

Viajar en tren ya no es habitual. Pero el ferrocarril sigue conectando a la nación. Las empresas usan los trenes de carga para transportar sus productos a diario. Sin ellos, los costos de transporte aumentarían considerablemente.

Un tren transporta productos en San Bernardino.

El mundo parece más pequeño

El mundo cambió muchísimo en los últimos 200 años. Inventos como el telégrafo y el teléfono hicieron que el mundo pareciera más pequeño. Lo mismo sucedió con la radio y la televisión. Los carros reemplazaron a los caballos. Las autopistas unieron las ciudades. Los aviones acortaron los tiempos de viaje. Las computadoras dieron comienzo a la era de internet. Ahora los estudiantes pueden estudiar en línea. Podemos hacer las compras sin dinero en efectivo. Podemos hacer un pedido y recibirlo en casa al día siguiente.

Viajar sin contaminar

Los carros, los camiones y los trenes funcionan con gasolina y petróleo. Estos recursos no son ilimitados. Hoy en día, muchos vehículos tienen motores que funcionan con electricidad. Mantienen el aire libre de esmog.

Geografía

Esta imagen muestra cómo sería el tren bala de California.

Hacia el futuro

¿El transporte ha alcanzado ya su máximo desarrollo? ¡Claro que no! Los trenes de alta velocidad actuales viajan a más de 200 millas (320 kilómetros) por hora. Los carros y camiones eléctricos se conducen solos. Los **drones** entregan productos. Los ingenieros continúan desarrollando formas más rápidas de viajar y de transportar productos.

Conexión de alta velocidad

Existe un proyecto para construir un "tren bala" de alta velocidad que conectará el norte y el sur de California. Estos trenes ya circulan en Japón, China y Europa.

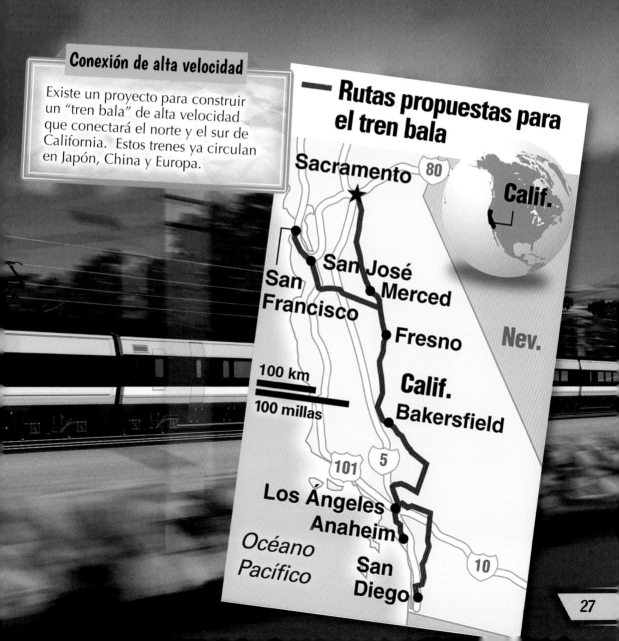

Rutas propuestas para el tren bala

Sacramento 80

Calif.

San José Merced

San Francisco

Fresno

Nev.

100 km

100 millas

Calif.
Bakersfield

101 5

Los Ángeles
Anaheim

Océano Pacífico

San Diego

10

¡Haz un diario!

Imagina que eres uno de los inmigrantes chinos que contrataron para trabajar en el ferrocarril. ¿A qué hora empiezas a trabajar? ¿Qué clase de tareas difíciles tienes que hacer como trabajador ferroviario? Piensa en las condiciones laborales que impulsaron a los trabajadores chinos a hacer huelga. Crea una entrada de diario que cuente en detalle un día típico de tu vida. Dibújate trabajando en el ferrocarril.

Glosario

barcos cargueros: barcos grandes que transportan cargamentos de un puerto a otro

bodegas: lugares donde se fabrica el vino

capataces: personas que tienen a su cargo un número de trabajadores

caravanas de carretas: grupos de carretas que viajaban por tierra en fila

cargamento: el conjunto de mercaderías que se transportan de un lugar a otro en barco, avión o vehículos a motor

cateadores: buscadores de oro u otros minerales

cítricos: frutas jugosas de piel gruesa que crecen en zonas cálidas

diligencia: una carreta de pasajeros de cuatro ruedas, tirada por caballos

drones: aeronaves no tripuladas que se operan por control remoto

economías: sistemas de compra y venta de bienes y servicios

geografía: las características naturales de un lugar, como los ríos y las montañas

Grandes Llanuras: el territorio llano que se ubica al oeste del río Misisipi y al este de las Montañas Rocosas en Estados Unidos y Canadá

granito: una roca muy dura que se usa en monumentos, edificios y casas

huelga: un período durante el que las personas se niegan a hacer algo para forzar un cambio

ingeniero: una persona que planifica y diseña proyectos técnicos

inversionistas: personas que aportan dinero a uno o varios proyectos

pasos: rutas que atraviesan las montañas para evitar rodearlas

pioneros: las primeras personas que exploran y se instalan en un lugar nuevo

posta: un lugar donde un jinete podía cambiar de caballo para continuar un viaje largo

presupuesto: la cantidad de dinero que se puede gastar en un proyecto

reservas: territorios en Estados Unidos que se apartan para que vivan los indígenas

Índice

PONY EXPRESS
St. JOSEPH, MISSOURI to CALIFORNIA
in 10 days or less.

WANTED

YOUNG, SKINNY, WIRY FELLOWS
not over eighteen. Must be expert
riders, willing to risk death daily.
Orphans preferred.
Wages $25 per week.

APPLY, PONY EXPRESS STABLES
St. JOSEPH, MISSOURI

¡Tu turno!

Carta a un inversionista

El ferrocarril transcontinental era un proyecto enorme. Theodore Judah sabía que haría falta mucho dinero para construir un ferrocarril que cruzara el país de punta a punta. El gobierno consideró que el costo era demasiado alto cuando Judah pidió ayuda. Judah se dio cuenta de que los inversionistas privados serían la única opción para reunir el dinero que necesitaba.

Imagina que eres Judah. Escríbele una carta a un inversionista privado. ¿Qué le dirías? ¿Cómo describirías el ferrocarril? ¿Cómo convencerías al inversionista para que te dé parte del dinero que necesitas para cumplir tu sueño? Asegúrate de usar lenguaje formal y de explicar con claridad tu razonamiento.